Maria Anna Leenen

Die Erfahrung des Göttlichen

Maria Anna Leenen

Die Erfahrung des Göttlichen

Meditationen über die Schöpfung

Johannes-Verlag Leutesdorf

Für Pauline, Eva und Mia

Erste Auflage 2001

Mit kirchlicher Druckerlaubnis
Copyright by Johannes-Verlag Leutesdorf, Germany
Umschlagfoto: Presse-Bild-Poss, Siegsdorf
Fotos im Innern: Andreas Pohl SCJ, Freiburg (Frühling,
Sommer, Herbst); Bernhard Priebe MSJ, Leutesdorf (Winter)
Satz: Johannes-Verlag Leutesdorf
Druck und buchbinderische Verarbeitung:
Görres Druckerei, Koblenz

ISBN 3-7794-1461-9

Zu beziehen durch die *KSM*
Katholische Schriften-Mission, D-56599 Leutesdorf
Telefon: 0 26 31/9 76-1 92, Telefax: 0 26 31/9 76-2 50

Inhalt

Der Sommer

Der Herbst

„Offenkundig falsch ist die Meinung derer, die sagen, im Hinblick auf die Wahrheit des Glaubens sei es völlig gleichgültig, was einer über die Schöpfung denke, wenn er nur von Gott die rechte Meinung habe. Denn ein Irrtum über die Schöpfung wirkt zurück in ein falsches Wissen von Gott …

Der menschlichen Seele Ziel und äußerste Vollendung ist: erkennend und liebend die ganze Ordnung der geschaffenen Dinge zu durchschreiten und vorzudringen zum ersten Urgrund, welcher Gott ist."

Thomas von Aquin
Summa contra Gentes 2,3.87

Schöpfungslehre ist Gotteslehre: eine Einführung

Einfachheit und Fülle zugleich

Die Meditation hat seit Jahrzehnten einen immer größeren Stellenwert bekommen, und längst nicht mehr umweht sie ein Hauch orientalisch-exotischer Unverständlichkeit. Das Bewußtsein ist zunehmend gewachsen: Ohne Kontakt zu den Tiefenschichten des

Inneren kann der Mensch nicht zum vollen Menschsein, zur Reife und zu einem erfüllten Leben gelangen.

Meditation ist ein Weg zur tiefen Erfahrung des Göttlichen in der Welt. Ob Blume oder Bachlauf, ein Gedicht oder das menschliche Antlitz, die eigene Existenz oder das Wort der Schrift – alles kann letztlich meditiert werden und zum Hinweis auf den Urgrund des Kosmos, auf den Erschaffer der Welt, auf Gott werden. Ja, vieles, was über Gott gesagt werden kann, kann auch von der Meditation behauptet werden:

„Sie ist das Nächste und das Fernste; das Zarteste und das Kräftigste; das Dunkelste und das Hellste; das Jüngste, Ursprünglichste und das Reifste; das Leichteste und das Schwerste; Einfachheit und Fülle zugleich."[1]

Gottesbild, Menschenbild, Weltbild

Volles Menschsein ist nur in der Welt möglich, denn in sie hinein wird der Mensch gestellt; in ihr soll er in Freiheit und Hingabe zu dem reifen, wozu er geboren wurde.

Gottesbild, Menschenbild und Weltbild sind zutiefst verflochten. Sie bestimmen einander und das Denken und Handeln des Menschen. Wer zum Beispiel die Welt nur als Marktplatz sieht und den

---

1 Klemens Tilmann, Die Führung zur Meditation, Bd. 1, Zürich – Einsiedeln – Köln 1981[8], S. 51.

Menschen ausschließlich als Wirtschaftsfaktor einkalkuliert, dessen Vorstellung von Gott und von den Menschen wird ebenso von Nützlichkeit, von Profit und Bilanzen bestimmt – sofern in diesem Weltbild überhaupt noch Raum gelassen werden kann für die Frage nach dem göttlichen Geheimnis, nach Gott.

Ein Ausdruck des technokratischen und auf Nützlichkeit ausgerichteten Blickes auf die Welt ist die rücksichtslose Ausbeutung der Umwelt – eine Tatsache, die je mehr sie bewußt wird auch um so stärkerer Kritik ausgesetzt ist. Für den Christen ist die Umwelt nicht nur Natur, sie ist Erschaffenes, sie ist Schöpfung. Und nach „jüdisch-christlichem Glauben ist Schöpfungslehre im eigentlichen Sinne Gotteslehre, eine Weise des Bekenntnisses zu Gott, dem Ursprung von allem, der zugleich Ziel sein will, dem Schöpfer, der zugleich Retter und Vollender sein will. Das Staunen über das Dasein kann zum bekennenden Lob des Ursprungs und Bewahrers aller Wirklichkeit hinführen, das Staunen über das Sosein ermöglicht Gotteserfahrung durch Welterfahrung."[1]

„Alles, was atmet, lobe den Herrn!"
(Psalm 150,6)

Alles Sprechen über die Schöpfung im Raum der Kirche, alle Schöpfungstheologie geht auf das Wort der

---

[1] Handbuch der Dogmatik, Bd. I, hrsg. von Theodor Schneider, Düsseldorf 1995[2], S. 120 f.

Bibel zurück. Denn von der Genesis bis zur Offenbarung des Johannes bezeugt die Schrift den Glauben an einen Schöpfergott, aus dessen überfließender Fülle alles Leben ersteht und dessen Kraft und Macht alles am Leben erhält.

In der Genesis machen dies die verschiedenen Erzählungen von der Erschaffung der Welt deutlich; Kapitel 2 und 3 enthalten nach Meinung der Exegeten mit ziemlicher Sicherheit die ältesten biblischen Aussagen über die Schöpfung. Im Buch der Sprichwörter beschreibt der Verfasser, wie die göttliche Weisheit schon vor der Schöpfung existierte, und gibt damit fast so etwas wie einen Augenzeugenbericht der ersten Stunde:

„Noch hatte er die Erde nicht gemacht und die Fluren und alle Schollen des Festlandes. … als er die Fundamente der Erde abmaß, da war ich als geliebtes Kind bei ihm" (8,26.30).

Auch im Buch Hiob, in der Gottesrede zum Schluß, verdeutlichen die machtvollen Fragen die Schöpferkraft Gottes:

„Wo warst du, als ich die Erde gegründet? Sag es denn, wenn du Bescheid weißt. Wer setzte ihre Maße? Du weißt es ja. Wer hat die Meßschnur über ihr gespannt? Wohin sind ihre Pfeiler eingesenkt? Oder wer hat ihren Eckstein gelegt, als alle Morgensterne jauchzten, als jubelten alle Gottessöhne? Wer verschloß das Meer mit Toren, als schäumend es dem Mutterschoß entquoll …?" (38,4 ff.)

Am häufigsten aber erzählen, beschreiben und bejubeln die Psalmen die Schönheit der Welt. Und die Beter und Beterinnen aller Zeiten deuteten die Vielfalt und den Reichtum der in ihr aufgezählten Kostbarkeiten als Spuren und Hinweise für die Gegenwart des Herrn.

Zur schönsten Naturpoesie in der Schrift gehört dabei der Psalm 104. In einem begeisterten Lobgesang beschreibt hier der Psalmist die Schöpfung, die Natur, die ihn umgibt, die er erfährt. Eingerahmt in die Aufforderung an sich selbst, Gott zu preisen – „Lobe den Herrn, meine Seele!" (VV. 1 u. 35) und „Ich will dem Herrn singen, solange ich lebe …" (V. 33) –, schildert er die verschiedenen Lebensräume Erde, Himmel und Meer, zeigt die der ganzen Schöpfung gegebene Ordnung der Zeiten auf und gibt Zeugnis davon, wessen Handeln und Wirken für ihn dahinter zu erkennen ist. „Gibst du ihnen, dann sammeln sie ein … Verbirgst du dein Gesicht, sind sie verstört; nimmst du ihnen den Atem, so schwinden sie hin … Sendest du deinen Geist aus, so werden sie alle erschaffen …" (VV. 28.29.30).

Unmißverständlich bezieht der alttestamentliche Dichter des Psalms alle Schönheit und Vielfalt der erfahrbaren Wirklichkeit auf Gott. „In der Kreatur offenbart sich Jahwe, sie ist Spiegelbild und Zeuge seiner Herrlichkeit. Gottes Herrlichkeit und Majestät ist nichts Dingliches und Sachliches an oder neben Gott, sie ist vielmehr der Glanz, die Fülle, die Unnahbarkeit, die Reinheit und Helle, in der Gott sich als der alles überragende König kundtut."[1]

Alles, was lebt, bezieht seine Lebenskraft von ihm. Und so zielt das erlösende Handeln Gottes auch nicht nur auf die Seelen der Menschen, die an ihn glauben. Jeder Stein, jede Pflanze, jedes Tier und jeder Mensch – dem gesamten Kosmos gilt der Heilsplan. Eine Erkenntnis, die im Neuen Testament vor allem der Apostel Paulus nachdrücklich im Brief an die Gemeinde in Rom formuliert:

„Denn die ganze Schöpfung wartet sehnsüchtig auf das Offenbarwerden der Söhne Gottes. Die Schöpfung ist der Vergänglichkeit unterworfen ...; aber zugleich gab er ihr Hoffnung: Auch die Schöpfung soll von der Sklaverei und Verlorenheit befreit werden zur Freiheit und Herrlichkeit der Kinder Gottes" (8,19–21).

Schöpfungstheologie und Umweltschutz

Wer die Schöpfung als Geschenk begreift, wer in ihr Spuren Gottes in der Welt entdeckt, sie als Anruf und Aufforderung zum Lob des Schöpfers versteht, rea-

---

1 Heinrich Groß/Heinz Reinelt, Das Buch der Psalmen, Teil II: Geistliche Schriftlesung, Düsseldorf 1989³, S. 222.

giert bis in kleinste tägliche Bereiche hinein anders als jemand, der die uns umgebende Welt nur als Rohstofflager oder Freizeitraum versteht. Um sie aber als geschenkte und in die Verantwortung überlassene Gabe zu begreifen, muß man sich ihr nähern, sie kosten, verspüren, sie mit allen Sinnen wahrgenommen haben. Einen Weg dazu bahnt die Meditation. Sie ist eine Möglichkeit, sich einmal der Schöpfung auszusetzen, die Natur nicht nur in den oft süßlich-romantischen Bildern zu betrachten – der prachtvolle Sonnenuntergang zum Beispiel oder die blendend-weiße Winterlandschaft –, sondern sich ihr so zu stellen, wie sie ist, wie sie auf den Menschen einwirkt. Die Schöpfung meditieren, das kann dann auch bedeuten, einmal leibhaftig zu spüren, wie heftig der Regen auf die Haut trifft; wie unbeschreiblich zart und doch stabil die Wand eines Wespen- oder Hornissennestes ist, in dem bis zu fünftausend Tiere im Sommer aufwuchsen; oder wie intensiv und unnachahmlich komponiert der Duft einer Rose ist, deren Blütenblättcr sich während cincr morgendlichen Meditation langsam öffnen.

Dann bekommen auch manche Texte der Heiligen Schrift plötzlich ein anderes Gewicht, schon häufig gebetete Stellen erscheinen in einem anderen Licht. So wie der Psalm 104, dessen Aktualität mit Macht in das eigene Herz und Denken einbricht. „Wer diesen Psalm singt, singt ihn auch gegen sich selbst! Indem er die Vision vom solidarischen Zusammenleben *aller* Lebewesen besingt, ist der Psalm ein öffentlicher Protest insbesonderer gegen alle ‚Weltbilder‘ und die daraus entspringenden Taten der Menschen, die die Menschen und ihre Bedürfnisse zum ‚Maß aller Dinge‘ machen. So ist der Psalm keine kitschig-idyllische Meditationsmusik, sondern ein kritisch-utopisches Lied, das heute zur ökologischen Umkehr ruft"[1]:

„Lobe den Herrn, meine Seele! / Herr, mein Gott, wie groß bist du! / Du bist mit Hoheit und Pracht bekleidet.

Du hüllst dich in Licht wie in ein Kleid, / du spannst den Himmel aus wie ein Zelt.

Du verankerst die Balken deiner Wohnung im Wasser. / Du nimmst dir die Wolken zum Wagen, / du fährst einher auf den Flügeln des Sturmes.

Du machst dir die Winde zu Boten / und lodernde Feuer zu deinen Dienern.

Du hast die Erde auf Pfeiler gegründet; / in alle Ewigkeit wird sie nicht wanken.

Einst hat die Urflut sie bedeckt wie ein Kleid, / die Wasser standen über den Bergen.

Sie wichen vor deinem Drohen zurück, / sie flohen vor der Stimme deines Donners.

---

1 Erich Zenger, Ich will die Morgenröte wecken. Psalmenauslegungen, Freiburg 1991, S. 45.

Da erhoben sich Berge und senkten sich Täler / an den Ort, den du für sie bestimmt hast.

Du hast den Wassern eine Grenze gesetzt, / die dürfen sie nicht überschreiten; / nie wieder sollen sie die Erde bedecken.

Du läßt die Quellen hervorsprudeln in den Tälern, / sie eilen zwischen den Bergen dahin.

Allen Tieren des Feldes spenden sie Trank, / die Wildesel stillen ihren Durst daraus.

An den Ufern wohnen die Vögel des Himmels, / aus den Zweigen erklingt ihr Gesang.

Du tränkst die Berge aus deinen Kammern, / aus deinen Wolken wird die Erde satt.

Du läßt Gras wachsen für das Vieh, / auch Pflanzen für den Menschen, die er anbaut,

damit er Brot gewinnt von der Erde /

und Wein, der das Herz des Menschen erfreut,

damit sein Gesicht von Öl erglänzt / und Brot das Menschenherz stärkt.

Die Bäume des Herrn trinken sich satt, / die Zedern des Libanon, die er gepflanzt hat.

In ihnen bauen die Vögel ihr Nest, / auf den Zypressen nistet der Storch.

Die hohen Berge gehören dem Steinbock, / dem Klippdachs bieten die Felsen Zuflucht.

Du hast den Mond gemacht als Maß für die Zeiten, / die Sonne weiß, wann sie untergeht.

Du sendest Finsternis, und es wird Nacht, / dann regen sich alle Tiere des Waldes.

Die jungen Löwen brüllen nach Beute, / sie verlangen von Gott ihre Nahrung.

Strahlt die Sonne dann auf, so schleichen sie heim / und lagern sich in ihren Verstecken.

Nun geht der Mensch hinaus an sein Tagwerk, / an seine Arbeit bis zum Abend.

Herr, wie zahlreich sind deine Werke! / Mit Weisheit hast du sie alle gemacht, / die Erde ist voll von deinen Geschöpfen.

Da ist das Meer, so groß und weit, / darin ein Gewimmel ohne Zahl: kleine und große Tiere.

Dort ziehen die Schiffe dahin, / auch der Leviatan, den du geformt hast, um mit ihm zu spielen.

Sie alle warten auf dich, / daß du ihnen Speise gibst zur rechten Zeit.

Gibst du ihnen, dann sammeln sie ein; / öffnest du deine Hand, werden sie satt an Gutem.

Verbirgst du dein Gesicht, sind sie verstört; / nimmst du ihnen den Atem, so schwinden sie hin / und kehren zurück zum Staub der Erde.

Sendest du deinen Geist aus, so werden sie alle erschaffen, / und du erneuerst das Antlitz der Erde.

Ewig währe die Herrlichkeit des Herrn; / der Herr freue sich seiner Werke.

Er blickt auf die Erde, und sie erbebt; / er rührt die Berge an, und sie rauchen.

Ich will dem Herrn singen, solange ich lebe, / will meinem Gott spielen, solange ich da bin.
Möge ihm mein Dichten gefallen. / Ich will mich freuen am Herrn.
Doch die Sünder sollen von der Erde verschwinden,/ und es sollen keine Frevler mehr dasein. / Lobe den Herrn, meine Seele! Halleluja!"

Drei Schritte in die Meditation

Um die Schöpfung zu meditieren sind im Grunde keine großen Vorbereitungen notwendig. Die folgenden Schritte wollen zeigen, worauf es ankommt:

☐ Zu Anfang ist es das Wichtigste, sich Zeit zu nehmen, dann einen Platz und einen Meditationsgegenstand zu wählen (zum Beispiel Blüte, Baum, Tier, Lebensraum) und zur Ruhe zu kommen. Ein Spaziergang oder auch Entspannungsübungen können helfen, Körper, Seele und Geist auf die Meditation einzustellen.

☐ Den Gegenstand ruhig betrachten, genau beobachten, vielleicht, wenn möglich, in die Hand nehmen, ertasten, an ihm riechen und dabei die Bereitschaft wachsen lassen, sich zu öffnen.

☐ Danach einfach geduldig warten und schauen.

Es sind keine schwierigen Vorgänge, die bei einer Meditation geschehen. Es kommt in erster Linie auf die Bereitschaft an, sich einzulassen, sich berühren zu lassen, den Kopf mit seinem Kosten-Nutzen-Raster einmal an die zweite Stelle zu verweisen. Einer der großen Lehrer der Meditation, Klemens Tilmann, beschreibt es kurz und treffend:

„Das Grundlegende und Eigentliche ist, daß man die Lernenden zu einem Naturding führt, das für die Meditation geeignet ist, und sagt: Setzt euch und schaut. Wartet. Laßt es auf euch wirken, laßt es kommen, laßt euch etwas sagen."[5]

Die folgenden Texte und Fotos versuchen, meditative Impulse und botanisches Wissen zu verbinden, um so Anregungen und Möglichkeiten für eine Schöpfungsmeditation aufzuzeigen. Eigene Versuche können und sollen sie dabei natürlich nicht ersetzen. Das Beste ist immer: hinsetzen und selber schauen.

1 Tilmann, a. a. O., S. 178.

Der Winter

Wintermorgen

Schwarzfrost
am Abend
eishart der nackte Acker
über Nacht
weißwollig umsunken
lautlos leise rieselt
Kristall an Kristall
schneesternenschön
ein Mantel aus Glanz

Eine nachweihnachtliche Betrachtung

Die Festtagsstimmung ist verflogen, die bunten Lich-
terketten sind abgehängt. Langsam pendelt sich der
triste Alltag wieder in seine unumgängliche Routine
ein. Im Wald sind nur Fichte und Tanne grün, und die
Vögel streiten sich um das rare Futter, statt zu singen.
Das Bilderbuchwetter mit Tiefschnee und strahlend
blauem Himmel ist meist nur auf dem Kalenderblatt
zu sehen, doch trotzdem ist jetzt nicht die große De-
pression angesagt. Auch diese Jahreszeit kann spiri-
tuell fruchtbar gedeutet und gelebt werden.

Die Stille, die nun in der Natur herrscht, ist eine
andere als im Hochsommer. Sie verlockt nicht gerade
dazu, sich draußen aufzuhalten. Aber auch sie ist eine

Hilfe, die Augen und Ohren des Herzens zu öffnen und auf das Wesentliche zu richten. Warum nicht einen Spaziergang machen durch die kalte und nasse Schöpfung? Vorbei an braun-vergilbten Wiesen, hinein in einen Wald, der leblos wirkt mit seinen kahlen Ästen, dem Matsch am Wegesrand und den dünn überfrorenen Pfützen. Warum nicht, warm eingepackt, sich eine Zeit diesem Wetter und dieser Stimmung einmal ganz bewußt aussetzen und dabei dem „Echo der Seele" (Ignatius von Loyola) nachhorchen? Wahrnehmen, welche Sehnsucht im Herzen ist inmitten dieser dämmerigen, trüben Witterung nach Licht und Wärme, nach Weite und Wachsen, nach Sinn und Erfüllung.

Überall ist dieses Warten zu erahnen. Auf den Äckern die verborgene Saat, im Wiesengrund die versteckten Blumensamen, im Waldboden die dicken Eicheln und kantigen Bucheckern; jeder Ast hat die Knospen in schützende Hüllen gepackt und harrt dem kommenden Frühling entgegen. Noch ist es nicht soweit. Noch muß alles geduldig Kälte, Nässe und Dunkelheit aushalten und die Kräfte sammeln und sparen. Das Warten, die Erwartung bedeuten aber nicht nur Sammeln und Haushalten. Durch das Warten kann die eigene Sehnsucht bewußt werden und damit eine Spannung wachsen, die den Mut und die Bereitschaft wecken, neue Wege zu suchen und Kräfte einzusetzen. Das Warten und die Sehnsucht lassen die alltäglichen Ereignisse und das Leben selbst tiefer erfahren und bereiten für die Einsicht, wie sehr menschliches Leben nach Erfüllung und ewigem Beschenktwerden strebt. Irdisches Leben ist immer ein Wechsel von Dunkelheit und Licht, von Mangel und Fülle, von Winter und Sommer. Dem Rhythmus des Jahres einmal achtsam nachzuspüren in kalter und dunkler Zeit schärft die Sinne für das tiefe Verlangen nach echtem Leben und für die Vorläufigkeit des irdischen Glücks. Den Winter aus diesem Blickwinkel als Chance zu begreifen, auf das Wesentliche aufmerksam zu werden, macht offen für das Licht, das einmal kommen und dann nie mehr durch Kälte und Dunkelheit abgelöst werden wird.

Der Sternenhimmel

Das unfaßbar weite, samtige Schwarz dehnt sich hoch über der Erde. Endlos, schwindelerregend in seinen Ausmaßen breitet sich der nächtliche Himmel aus. Als hätte eine lässige Hand Diamanten verstreut, glitzern und blinken die Lichtsplitter der Sterne, leuchten und funkeln, durchstrahlen in gleißender Helle Punkt für Punkt das geheimnisvolle Dunkel.

Unvorstellbar die Fülle dort oben: Planeten und Sternenstaub, Monde und Sonnen, Fixsterne, ganze

Galaxien, von denen bis heute nur gerade ein kleiner Teil erahnt werden kann.

Allein über zweitausend Planeten und viele Kometen kreisen um die Sonne und bilden unser Sonnensystem. Einer dieser Planeten: die Erde. Winzig im All, noch winziger der einzelne Mensch auf ihr:

„Seh' ich den Himmel, das Werk deiner Finger, Mond und Sterne, die du befestigt: Was ist der Mensch, daß du an ihn denkst, des Menschen Kind, daß du dich seiner annimmst?" (Psalm 8,4).

Schweigend und staunend das nächtliche, sternenklare Firmament betrachten, einmal diese überwältigende Schönheit in sich aufnehmen, in sich wirken lassen: wie klein ist der Mensch darunter. Wie unwichtig scheint er angesichts dieser alle Begriffe sprengenden Größe zu sein. Wie nichtig stellt sich das tägliche Einerlei dar gegenüber der Erhabenheit dieses Raumes über uns.

Doch schon die alten Israeliten betrachteten den Sternenhimmel immer auch mit leiser Furcht. Diese nicht zu fassende Weite; diese Unmöglichkeit, konkret handgreiflich in Augenschein zu nehmen, was da oben nun wirklich ist. Sicher waren sie nur, daß allein Gott der Herr Ursprung und Schöpfer dieses gewaltigen Zeltes über ihnen sein konnte, er, „der die Sonne bestimmt zum Licht am Tag, der den Mond und die Sterne bestellt zum Licht in der Nacht ..." (Jeremia 31,35).

24

Das gläubige Vertrauen, durchgehalten auch angesichts des grenzenlosen Raumes über dem Menschen, gründet in der Hoffnung, daß er, der sich in der Vergangenheit als Retter erwies, auch in Zukunft seine Hand nicht zurückziehen wird. „Du aber, unser Gott, bist gütig, wahrhaftig und langmütig; voll Erbarmen durchwaltest du das All" (Weisheit 15,1).

Die mitternächtliche Stille, das schwarze, sternenfunkelnde Firmament, diese geheimnisvolle Erhabenheit können vielleicht etwas erahnen lassen von den flehentlichen Bitten des alttestamentlichen Beters, der des Nachts um Hilfe ruft. Und der sein Gebet erhört weiß und im Rückblick deutet:

„Als tiefes Schweigen das All umfing und die Nacht bis zur Mitte gelangt war, da sprang dein allmächtiges Wort vom Himmel, vom königlichen Thron herab als harter Krieger mitten in das dem Verderben geweihte Land" (Weisheit 18,14 f.).

Eine Erfahrung, für die der Anblick des Sternenzeltes öffnen kann. Öffnen kann und dann begreifen läßt, daß Gott bis heute kommt – vom königlichen Thron in die Welt der Menschen. Nicht als Krieger, sondern als Kind. In Windeln gewickelt und in einer Krippe liegend.

Ein eiskalter Geselle

Erst wird alles nur etwas dunkler, feuchter, kühler, und von den schwarzen Ästen der Bäume tropft und plitscht ein kalter Regen. Doch dann ist eines Morgens das Gras weiß überreift. Wie mit feinem Zucker überrieselt haftet an den Grashalmen die Feuchtigkeit in winzigen Kristallen; schwer neigen sich die Pflanzenstengel zu Boden. Der erste Kälteeinbruch ist noch schwach, nicht einmal die kleinsten Pfützen haben eine grieselige Gänsehaut. Doch wenige Tage später sinkt die Temperatur, und nun geht ohne Mütze, Schal und Handschuhe nichts mehr. Zunächst nur kräftig kühl, wird es bald kalt und kälter und schließlich eisig. Das Leben draußen verstummt, zieht sich so weit wie möglich in warme Nester, schützende Laubhaufen oder dichte Tannenschonungen zurück. Die ersten Schneeflocken fallen, zunächst sind es nur ein paar Flecken. Doch bald bedeckt ein dichtes weißes Tuch die Landschaft, und auf den Büschen und Bäumen, auf Steinen und Mauern liegen weiße Hüte mit runden Krempen.

Väterchen Frost hat die Natur fest im Griff. Aber obwohl alles leblos und wie tot aussieht, schlagen Pflanzen und Tiere der Eiseskälte ein Schnippchen. Wenn genügend Nahrung im Herbst vorhanden war, haben sich Igel, Haselmaus, Dachs und Bär eine dicke Speckschicht angefressen. Und Hamster und Eichhörnchen versteckten einen reichlichen Vorrat. In

Schlafkessel, Kobel und Reisighaufen, im alten Nistkasten oder in der Ecke eines Gartenschuppens verborgen, überstehen sie die Zeit des eiskalten Gesellen meist gut.

Die Pflanzen werden durch die zunehmenden Kältereize veranlaßt, alle restlichen Nährstoffe aus den Blättern herauszuziehen und in Stock, Wurzel oder Stamm einzulagern. Eine wichtige Reserve und ein Schutz, damit im Frühling ein gesunder Neuaustrieb erfolgen kann.

Aber die frostklirrenden Monate haben nicht nur lebensfeindliche Auswirkungen. Wenn auch viele Tiere und Pflanzen in dieser Zeit um das Überleben kämpfen müssen – für manche Arten sind Eis und Schnee notwendige Phasen im Lebenszyklus:

Forelle und Renke laichen mitten im Winter, da kaltes Wasser wesentlich mehr Sauerstoff enthält als warmes. Eine optimale Versorgung der Fischeier ist so gewährleistet. Und für einige Tiere, wie zum Beispiel für die Dachsweibchen, ist die kalte Jahreszeit mit besonders intensivem Leben angefüllt, da sie jetzt trächtig sind und noch vor dem Frühling ihre Jungen gebären.

Bei verschiedenen Pflanzen sind die niedrigen Temperaturen sogar Auslöser für das Keimen. Erst nach einer winterlichen Kälteperiode reagieren zum Beispiel die Samen des Kleinen Klappertopfes oder einiger Springkrautarten. Und Trollblume, Eisenhut oder die beliebte Gartenstaude Tränendes Herz benötigen unbedingt Frost, um keimen zu können. Man nennt sie deswegen auch Frostkeimer.

Für viele sehr hartschalige Samen ist die Länge der Winterruhe entscheidend. Nur die nachhaltige Einwirkung der Witterung und der Mikroorganismen im Boden können die äußere Hülle erweichen, damit der junge Sproß durchstoßen kann und dann emporwächst.

Das winterliche Bild der Schöpfung läßt all das nicht vermuten. Nach außen hin scheint es still und ohne Leben zu sein. Und doch geschieht so viel.

Ein Spaziergang durch die Kälte oder auch das ruhige Betrachten der eigenen, vielleicht kleinen Gartenlandschaft durch ein Fenster sollten nachdenklich machen.

Braucht nicht vieles seine Zeit, um dann im rechten Augenblick aufgehen zu können? Wie oft muß erst im Stillen und Verborgenen etwas lange ruhen, damit es reif ist für ein gutes Wachsen und Gedeihen.

Vom Winter kann derjenige lernen, der sich auf seine Eigenart einstellt. Warten und in der Tiefe reifen lassen; Geduld haben und die vordergründigen Motive durchlässig, durchsichtig werden lassen und dann dahinter schauen; ein wachsames Abwarten, bis der gute Weg sich zeigen kann: die Zeit der Kälte meditieren heißt von der Schöpfung lernen. Lernen, das Ruhe und Geduld die Kraft der Starken ist, und Abwartenkönnen reiche Früchte tragen wird.

Der Frühling

Tausendblättrige

gebogenes Morgenröteblättchen
gehauchtes Weiß
betaut mit
nachtfrisch Perlen
ein zarter Reif
Schafskältespur
zähnte sanft
gerollte Hüllen um den Kern
kein Duft
noch keine prall gefüllte Blüte
nur leise knospendes Geheimnis
damascena alba
tausendblättrige Verheißung

Die jährliche Aufforderung zum Staunen

Die Luft scheint zu knistern. Eine Spannung liegt
über der Schöpfung, die fast mit den Händen zu grei-
fen ist. Bis zum Platzen prall stehen die Knospen,
und die ersten Lerchen steigen wie betrunken vor Le-
bensfreude steil in den Himmel. Es ist eine Unruhe,
ein raschelndes und treibendes Erwachen, es lockt
und zieht, drängt, erregt, und überall läßt eine rätsel-
hafte Aufbruchstimmung die Augen heller werden
und den Puls schneller schlagen. Schien der Acker

heute noch braun und starr bleiben zu wollen, überzieht schon morgen ein sanftgrüner Hauch Furche und Scholle.

Frühling, Zeit der Unruhe und des Aufbruchs. Jahreslauf und Kirchenjahr sind hier wunderbar zeichenhaft verwoben. Vor mehr als dreitausend Jahren verknüpfte sich der Heilsplan Gottes zum ersten Mal ausdrücklich mit den Abläufen in Schöpfung und Jahreskreis, als das Volk des Alten Bundes den Auszug aus Ägypten im Pascha-Fest feierte. Durch Jesu Leiden, Tod und Auferstehung im Neuen Bund bekräftigt und auf unüberbietbare Weise erneuert, hat der Frühling für alle Zeiten den Stempel machtvoller Aufforderung zu Umkehr und Neuanfang erhalten.

Aus der Knechtschaft zur Freiheit, aus der Gefangenschaft ins Gelobte Land, vom Sklaven zum geliebten Kind – jeder Frühling verkündet neu die Einladung, aus wintermüder und froststarrer Trägheit aufzubrechen und sich auf den Weg zur Fülle, zum Leben zu machen. Die Zeilen eines alten Hymnus bringen es voll Poesie ins Wort, wie tief Heilsgeheimnis und Schöpfung miteinander verknüpft sind:

„Hört die Mahnung der Schrift:
Jetzt ist die Zeit der Gnade da.
Paulus sagt uns das Wort:
Jetzt ist die Stunde unseres Heils;
empfangt nicht vergeblich die göttliche Gabe.

32

Maßvoll lebe der Leib,
wachsam und lauter sei der Geist,
daß der Weg dieser Zeit
Durchgang zur Auferstehung sei.
Die Erde zu heilen, schuf Gott diese Tage.

Zeichen schauen wir nun,
Irdisches wird zum Bilde hier;
denn das kreisende Jahr
läßt nach des Winters Frost und Nacht
den Frühling die Erde für Ostern bereiten."[1]

Um der geheimnisvoll lockenden Spannung nachzuspüren, tut es gut, die Veränderungen in Garten,
Park oder Wald ganz bewußt wahrzunehmen: dieser
schwache grüne Schimmer über den Bäumen; die
täglich kräftiger werdenden Hälmchen von Weizen
und Roggen; die ersten zarten Birkenblätter oder auch
die rotüberhauchten Triebe der Rosen, die machtvoll
aus den Stöcken emporstreben – und jeder Tag ist
etwas länger als der vorherige.

Und dann ist eines Morgens die Luft so seidenweich und mild, daß man gar nicht anders kann, als
alle Fenster aufzureißen und diese klare Brise tief
einzuatmen. Eine kleine, aber sehr intensive Frühjahrskur für die Seele ist es auch, einige Linden- oder
Kastanienzweige in einer Vase ins Haus zu stellen.

---

1 Stundenbuch für Fastenzeit und Ostern, S. 5 f.

Einige Minuten am Tage sich ruhig davor setzen und die Zweige betrachten lassen den Frühling und seine Botschaft auf ganz besondere Weise verstehen. Durch Tageslicht und Zimmerwärme geweckt und ab und zu mit Wasser besprüht, wird über sie nach und nach etwas von der gewaltigen Spannkraft spürbar, die in der Schöpfung am Werk ist. Zuerst noch dick und scheinbar regungslos, platzen die schützenden Hüllen langsam auf. Zarte, ineinander gefaltete Blättchen schieben sich ans Licht. Anfangs weich und mit hellem Flaum bedeckt, verändern sie sich täglich, ja manchmal sogar stündlich, bis sich das volle, starke Blatt der lebenspendenden Sonne entgegenhält. Eine Bewegung zum Ursprung allen Lebens hin, die – innerlich mitvollzogen – den Frühling mit ganz anderen Augen sehen läßt.

Ein kunstvolles, zauberhaftes Spiel

Es ist schon faszinierend, mit welcher Technik so eine dicke blaue Lupinenblüte angegangen wird. Während die jüngere Artgenossin ziemlich aufgeregt herumkrabbelt, hat die erfahrene Arbeiterin den Trick schon heraus. Elegant tritt sie die zu einem Schiffchen geformten unteren Blütenblätter herunter. Sofort schnellt der spornförmige Griffel nach oben, und der Weg zum nahrhaften Pollen wird frei. Gleichzeitig

34

bleibt dabei etwas Blütenstaub an den Bauchhaaren hängen, mit dem dann die nächste Blüte bestäubt wird.

Hummeln gehören zu den bekanntesten Insekten. Und sie sind mit die ersten, die im Frühling aus der Winterruhe erwachen. Manche Königinnen sind schon ab März munter und fliegen in großen Achten über Wiesen, Büschen und Mauern auf der Suche nach dem besten Nistplatz für das neue Volk.

Genau wie die Honigbienen zählen die Hummeln zu den Hautflüglern und existieren weltweit mit etwa vierhundert bis fünfhundert Arten. Ihr pummeliges Aussehen mit dem bunten Pelz und der irgendwie gemütliche Brummton zusammen mit der sehr geringen Stechlust verschaffen ihnen überall viele Freunde.

Ursprünglich gab es in Deutschland dreißig Arten, von denen inzwischen mindestens drei ausgestorben und weitere stark gefährdet sind. Ähnlich wie bei den Schmetterlingen und Singvögeln ist der alarmierende Rückgang unter anderem auf mangelnde Nistmöglichkeiten, fehlende Nahrungspflanzen und übermäßig (und oft unnötig) angewandte Insektizide zurückzuführen. Dabei können gerade Hummeln beeindruckende Abläufe in der feinst aufeinander abgestimmten Schöpfung sichtbar machen. Vor allem als Bestäuberinsekten sind die brummenden Tieffieger unersetzlich. Durch ihre Fähigkeit, mit ausgekuppelten Flügeln den „Brustmuskel-Motor" laufen zu lassen, sind sie imstande, Wärme zu erzeugen oder sich bei großer Hitze abzukühlen. Dadurch können sie noch bei etwa 5°C fliegen und Blüten besuchen. Bei bis zu zehn Flügen pro Tag und vierhundert Blüten pro Flug eine erstaunliche Leistung, die auch in regnerischen und kalten Frühlingswochen durchgehalten wird: eine Garantie, daß die Apfelernte nicht gänzlich ins Wasser fällt. Ihr leistungsstarker Motor und die kräftige, schwere Gestalt machen sie auch als Bestäuber für komplizierte Blüten wichtig, in die andere Insekten nicht oder nur schwer eindringen können. So kommt Bombus terrestris, die Dunkle Erdhummel, mühelos in schwierige Verschlußblüten hinein, wie sie zum Beispiel die Lupinen besitzen. Oder beim sogenannten Vibrationssammeln an Tomatenblüten schütteln sie durch das Vibrieren des eigenen Körpers den Pollen aus den Staubbeuteln heraus. Tomatenzüchter nutzen diese Eigenschaft der Hummeln und setzen sie gezielt in Kulturen ein. Ebenso profitiert die Viehzucht von der emsigen Arbeit der pelzigen Helfer. Denn Hummeln verbreiten wie auch die Bienen und die Schmetterlinge den Kreuzhefepilz. Mit Hilfe der daraus entstehenden Nektarhefe können Wiederkäuer ihre zellulosehaltige Nahrung besser verdauen.

Beobachten lassen sich die eifrigen Sammler gut. Solange sie oder ihr Nest nicht massiv angegriffen werden, denken sie nicht ans Stechen; Nektar und Pollen sind ihnen viel wichtiger. Ein paar ruhige Minuten am Rande einer Kleewiese oder unter einem blühenden Obstbaum schenken staunenswerte Einblicke, wie sorgfältig und lückenlos die Schöpfung aufgebaut ist. Hier einmal innezuhalten, eines dieser faszinierenden Tiere zu betrachten, sich über die Geschicklichkeit und Schönheit zu freuen, kann das Gespür für den Schöpfer wecken. Denn das trickreiche Angehen einer dicken blauen Lupinenblüte wirkt wie ein kunstvolles, zauberhaftes, tänzerisches Spiel, das dazu drängt, den Erschaffer dieser Kostbarkeit zu preisen.

Der Zauber der einfachen Blüte

Mit berauschend farbenprächtigen Blütenkaskaden wie bei Rose und Jasmin können Schneeglöckchen, Winterling und Blausternchen nicht begeistern. Was ab Februar und März die grünen Fühler aus dem Boden steckt, ist eher klein und bescheiden. Keine großartigen Farben, keine betörenden Düfte, auch breiten sie keine riesigen Blätter aus und locken so den betrachtenden Spaziergänger, näher zu kommen. Die Anziehungskraft der zarten Frühjahrsblüher liegt eher im verborgenen, ist für das Auge nicht sofort sichtbar.

Gleich zu Beginn des Jahres, wenn alle anderen Pflanzen noch tief in ihrer Winterruhe sind, schieben schon die Horste der Schneeglöckchen ihre Blattspitzen durch die Laubschicht. Am Anfang wie ein grüngraues Nadelkissen, wächst und schwillt das Polster langsam hoch, die langen, schmalen Blätter vereinzeln sich, und schnell streben grünlich-weiße, blasse Blütenkelche empor. Unscheinbar in Farbe und Größe ziehen die sich neigenden Kelche rasch die Aufmerksamkeit der ersten Insekten auf sich. Bald schwingen die Blüten hin und her, werden vom Wind in eine nickende Bewegung gebracht, und wenn die schwache Frühjahrssonne stärker wird, öffnen sich die durchscheinenden Kelche und grünspitzige Kronblätter werden sichtbar. Unübersehbares Signal für alles, was schon fliegt und krabbelt, sich die erste Portion Nektar und Pollen zu holen.

So klein und zart sie aussehen, sie trotzen sogar einem derben Frost. Und selbst wenn später Schneefall alles noch einmal weiß verhüllt – sie halten die Stellung aufrecht.

Auch der kugelige gelbe Kopf des Winterlings läßt sich, einmal aus dem Boden hochgewachsen, nicht mehr sonderlich stören. Die pummelige Blüte sitzt auf ihrem Kranz von Fiederblättchen wie das zufriedene Gesicht eines Kindes über einer großen Halskrause. Wächst zugleich das Blausternchen in der Nähe, bilden alle drei ein lustiges Frühlingsterzett, das noch eine Spur bunter wird, wenn das Blausternchen auch in seinen anderen, artspezifischen Farben Weiß und Rosa dazukommt.

Sie eignen sich gut für eine stille Betrachtung, diese Frühjahrsboten. Die einfachen Blüten und das unauffällige Blattwerk reißen nicht zu Begeisterungsstürmen hin. Still und bescheiden wachsen sie in Ecken, auf den schlechteren Böden und im Schatten von Gehölzen. Nehmen Sonne und Hagel, Regen und Sturm mit, wie es scheint, unerschütterlichem Gleichmut hin. Und haben sie erst einmal Fuß gefaßt und sich in ihren Nischen eingerichtet, wachsen und vermehren sie sich stetig von Jahr zu Jahr. Selbst wenn beim ersten Rasenmähen versehentlich die frühe Blüten abgeschnitten wurde – spätestens im nächsten Jahr erscheinen sie erneut, halten Frost und Schneefällen stand und blühen auf ihre stille und unauffällige Art.

Das ruhige Schauen auf diese so einfachen Pflanzen kann den Blick schärfen. Kann die Sinne öffnen für die Schönheit der kleinen Dinge, für das Kostbare der Unscheinbarkeit. Woraus entstehen Würde und Größe? Wo liegt der Grund für das Wertvolle eines Geschöpfes und wo für seine Einmaligkeit? Beziehen sie sich im tiefsten auf schillernde Farben oder prunkvolles Aussehen?

Ob prächtige Rose oder bescheidenes Schneeglöckchen, ob berauschend duftender Jasmin oder unauffälliger Winterling – über jede der Pflanzen läßt der Schöpfer seine Sonne aufgehen (vgl. Matthäus 5,45). Das stille Schauen auf die zarten Frühjahrsblüher kann einen Raum schaffen für die Erkenntnis, mit der eigenen Unscheinbarkeit von Gott genauso angenommen zu werden wie glänzende Erfolgsmenschen. Und es kann helfen, ein liebevolles Lächeln durchzuhalten, auch wenn in den Beziehungen derber Frost und später Schneefall alles zu zerstören drohen.

Der Sommer

Bachlauf

Es murmelt und flüstert,
tuschelt und spricht,
in Pfützen, an Hecken
rinnt es und zischt.
Ein Tröpfeln, ein Rieseln,
ein Fließen, ein Fall,
von überall her
strömt stimmlos das Wasser,
der feuchte, der frische,
der blaugrüne Schwall.

Ein Chor heller Stimmen,
ein Lob ohne Ton,
ganz leise singt alles.
Hörst du es schon ?
Preist doch den Herrn, ihr Tropfen und Spritzer.
Preist doch den Herrn, ihr Wasser dort oben.
Preis doch den Herrn, du Regen und Tau.
Preist doch den Herrn, Quellen und Sprudel.
Preist doch den Herrn, Seen und Ströme.
Ihr Wasser da oben,
ihr Quellen hier unten,
lobt ihn und rühmt ihn in Ewigkeit.

Ein Gefühl der Zeitlosigkeit

Heiß flimmert die Luft über dem goldgelben Weizenfeld. Dicht an dicht stehen die Ähren, wiegen und wogen wie im Tanz, wenn sanft der Wind darüber streicht. Immer schwerer hängen die Äste, werden von Kirschen, frühen Äpfeln und reifenden Birnen nach und nach zu Boden gezogen. Über dem Blütenmeer von Dost, Thymian und Minze fliegt und taumelt eine bunte Falterschar, und überall krabbelt es vier,- sechs- und achtfüßig auf Blatt und Blüte. Gebieterisch piepsen winzige „Federbällchen" im Nest und scheuchen die Altvögel zu unermüdlichem Fliegenfang. Auch die letzte Jahresbrut will schließlich noch kräftig und flügge werden. Und im Unterholz sorgsam versteckt spielen die Jungen von Hase, Reh und Wiesel.

Sommer – Zeit der Fülle und der Freude, Zeit der Frucht und des Reichtums. Für viele der Höhepunkt des Jahres mit Urlaub, Gartenfreuden und gemütlichen Grillpartys. Die in all den kalten und nassen Monaten sehnlichst erwartete Wärme und das manchmal fast im Übermaß strahlende Licht genießen Menschen und Tiere. Sogar viele Pflanzen passen sich dem wechselnden Lichteinfall an und stellen wie zum Beispiel die Sonnenblumen Blüten und Blätter tagsüber immer neu in Richtung Sonne.

Wie alles Geschöpfliche sind auch Fülle und Freude des Sommers transparent hin auf den Schöpfer selbst. Die Natur bietet mit all den großen und kleinen Geschenken ein Bild, das die Überfülle des einzig Guten wiederspiegelt (vgl. Markus 10,18). Sommertage lassen manchmal ein Gefühl der Zeitlosigkeit aufkommen. Sie schenken eine Ahnung, daß in der Muschel Zeit die Perle Ewigkeit (A. Mattes) versteckt ist. Dem nachzuspüren braucht es Ruhe und Stille. Möglichkeiten dazu bieten kleine Pausen im Alltag, die zu entdecken es sich lohnt:

☐ Einmal ganz früh am Morgen bei offenem Fenster, auf dem Balkon, im Garten oder Wald einige Minuten, eine Viertelsunde sitzen und nur hören; wahrnehmen, welche Geräusche und Laute an das Ohr dringen; welche Gerüche und Düfte; wieviel in der anscheinend so stillen Zeit auf erwachendes Leben hinweist.

☐ In der Mittagspause irgendwo einen Moment im lichten Schatten eines großen Baumes oder in der kühlen Kirche sitzen, innehalten und die Stille „schmecken"; den Gedanken an eine ewige Fülle hochsteigen lassen und die Hoffnung darauf in den Rest des Tages mitnehmen.

☐ Am Abend allein oder zu zweit still einen Gang durch Park oder Wald machen, wenn die Luft schon angenehm frisch wird und alles ganz anders duftet als in der prallen Mittagshitze.

Oft sind es die kleinen und unscheinbaren Zeichen, die die unbändige Lebenskraft der Schöpfung verdeutlichen. Der gelbe Lerchensporn, mit einer Mauerfuge zufrieden, das kleine Veilchen in der Asphaltritze oder die immer neu beharrlich keimenden Pionierkräuter auf Sand und Brachland: alles weist auf ein Leben hin, das in seiner Überfülle auch als Bild für das ewige Leben verstanden werden darf. Für eine Herrlichkeit, die wir erhoffen dürfen und die größer ist als alle irdische Herrlichkeit. Denn alle Schönheit und Faszination hier „ist nur ein Schatten von dem, was kommen wird" (Kolosser 2,17), wie es der Apostel Paulus formuliert. Und so kann die Betrachtung der sommerlichen Jahreszeit die Freude auf die zukünftige Fülle wecken und wachsen lassen. Eine Fülle und ein Staunen, das schon hier beginnt und das irgendwann einmal für immer bleiben wird.

Geflügelte Blüten und schwebende Farben

Admiräle naschen für ihr Leben gern an Fallobst, Nonnen werden gefährlich, wenn sie in Massen auftreten, und Totenköpfe finden sich in Mitteleuropa relativ selten ein. Eines aber haben sie alle gemeinsam – sie gehören zu den fliegenden Edelsteinen der Schöpfung. Sie sind Schmetterlinge.

Weltweit gibt es etwa hundertfünfzigtausend Arten, davon allein dreitausendfünfhundert in Mitteleuropa. Sie gehören zur zweitgrößten Gruppe der Insekten, und schon die Zuordnungen der Biologen, die Familien, lassen die Vielfalt und Faszination ahnen: zum Beispiel die Familie der Bären, der Spinner, Edelfalter und Ritterfalter, der Schwärmer und Eulen. Ihre Farbskala umfaßt eine erstaunliche Bandbreite – vom milchigen Weiß bei Federgeistchen und Tigermotte über korallenrote Zeichnungen bei Admiral und Schönbär bis zum strahlenden Blau von Schillerfalter und Hauhechelbläuling. Und das nicht bei tropischen Arten. Es sind die in Europa vorkommenden Arten, die grün schimmernd, golden irisierend, getupft, gestreift und gepunktet begeistern. Oder wer würde nicht fasziniert zuschauen, wenn ein großer Admiral auf einer dicken gelben Ringelblume in der Sonne aufleuchtet?

Mit Bezeichnungen wie „fliegende Edelsteine", „Blumen mit Flügeln" oder „schwebende Farben" haben seit Jahrhunderten Dichter und Schriftsteller diese Pracht in Worte zu kleiden versucht. Sie gaben damit der Schönheit den Vorrang. Einer Schönheit, (Hermann Hesse dichtete einmal: „Ein perlmuttener Schauer, glitzert, flimmert, vergeht"), die mit ihrer Vielfalt und ihrem Farbenreichtum ein Hinweis sein kann auf Gottes unerschöpfliche Gnade. So haben schon die Gläubigen der frühen Kirche das Symbol des Schmetterlings als Hinweis und Glaubenszeug-

nis für die Auferstehung auf ihre Grabplatten gemei-
ßelt.

Aber Schmetterlinge sind ebenso wertvoll für das
ökologische System, wie sie schön sind. An ihnen
kann sichtbar werden, wie verbunden und verwoben
Gott seine Schöpfung sich hat entwickeln lassen.
Schmetterlinge sind eine Art Bioindikatoren. Ihr Vor-
handensein oder Nichtvorhandensein läßt auf den
Zustand der Umwelt schließen, in der sie leben. Eine
gewisse Berühmtheit als Bioindikator hat der Birken-
spanner erlangt. In einer Studie wurde nachgewiesen,
daß sich innerhalb weniger Jahrzehnte in einem Indu-
striegebiet die Anzahl der schwarzen Exemplare dra-
stisch erhöhte, während sich die normale weiße Farbe zurückbildete. Der Grund: die Tiere hatten sich
den verrußten Stämmen ihrer Futterpflanzen (Birken)
angepaßt, um überleben zu können.

Leider sind nur wenige Falter in der Lage, so
schnell auf veränderte Lebensbedingungen zu reagieren und sich anzupassen. Die Umweltbelastung, vor
allem die Zerstörung ihrer Lebensräume, läßt besonders die hochspezialisierten Arten aussterben. Am
Beispiel der mageren Blumenwiese wird das deutlich. Immer noch hoher Einsatz von Unkrautvernich-
tungsmitteln (sogar in Schrebergärten), die Umwand-
lung landwirtschaftlich wertloser Flächen in intensiv
genutzte Viehweide und die „Düngung" mit Stick-
stoff aus den Luftschadstoffen von Schornstein und

Auspuffrohren: all das hat zur weitgehenden Vernichtung der sogenannten Magerrasen geführt, die mit ihrer Blumenvielfalt echte Schmetterlingsparadiese sind.

Eine sommerliche Betrachtung kann zusammen mit dem Wissen um die Zusammenhänge sensibilisieren und die Augen öffnen für den Zauber dieser von Gott geschaffenen kleinen Oasen. Die Begegnung mit einem tiefrot und samtschwarz gezeichneten Admiral zum Beispiel, der genau vor der Nase sitzt; das Leuchten seiner vielen Farbschuppen, die wie ein schimmernder Puder aufgestäubt zu sein scheinen; die zierliche Bewegung des nadelfeinen Rüssels; die Beobachtung der sorgfältig aufeinander abgestimmten Mechanik der Flügel – ein Meisterwerk des Schöpfers, das zu den Geschenken gehört, die dem Menschen immer wieder angeboten werden. Zu seiner Freude und als leise Mahnung, die anvertrauten Gaben zu hüten und zu schützen.

Wie ein Gesicht, das sich der Sonne überläßt

Zuerst ist sie hart und spitz. Kaum zu glauben, welche Pracht sich in diesem kleinen zwiebelförmigen Ding entwickeln wird in den nächsten Wochen. Mal glatt, mal mit feinen Stacheln besetzt, schlicht hellgrün oder weiß umrahmt: noch verbergen und schützen die schmalen Kelchblätter das Innere für einige Zeit. Doch jeden Tag wird die Knospe etwas größer und dicker. Und manchmal meint man fast, eine intensive Bewegung wahrnehmen zu können. Ein Drängen und Dehnen, es wächst, baut sich auf, scheint verhalten zu vibrieren, als könnten es die Blütenblätter nicht abwarten, sich dem Licht zu öffnen.

Und dann blitzt eines Morgens ein schmaler Streifen Rot hervor. Die Kelchblätter halten dem Druck nicht mehr stand, schieben sich langsam auseinander und geben den Weg frei. Für eine kurze Weile reckt sich die geschlossene Blüte still ins Licht. Erwartungsvoll, als prüfe sie, ob alles fertig und bereit sei für den großen Moment. Noch haften die feinen Blätter schmal und eng aneinander; Schicht auf Schicht schmiegen sie sich um die verletzlichen Staubgefäße. Ein leises Zittern, eine verhaltene Bewegung, langsam gleitet alles zur Seite, biegen sich die Kronblätter nach außen, drehen sich dem Himmel entgegen wie ein Gesicht, das sich den wärmenden Strahlen der Sonne überläßt.

Schon in den letzten Frühlingswochen waren die ersten Rosenknospen der Frühblüher aufgebrochen. Doch jetzt öffnet sich eine um die andere Blume. Kletterrosen und Rankrosen stürzen mit farbfrohen Kaskaden sanft duftender Blüten über Mauer, Rankgerüst und Pergola. Großblumige Edelrosen mit könig-

50

licher, hoher Einzelblüte und betörenden Duftwolken, die zarten, meist pastellfarbenen halbgefüllten Dolden der Bodendeckerrosen oder auch Wildrosen mit ihrem unbändigen, kraftvollen Wuchs, einer Fülle einfacher Büschelblüten und Dornen wie Stacheldraht – in allen Ecken des Gartens, im Heckenrain am Waldrand oder in der überwältigenden Schönheit eines Rosariums öffnen sich die Blüten, falten sich die Kronblätter auseinander und halten sich dem Licht entgegen.

Die Palette der jetzt erscheinenden Farben zu beschreiben, ja sie überhaupt richtig wahrzunehmen, ist eine Kunst für sich. Allein die verschiedenen Weißtöne: vom klaren Schneeweiß über porzellanfarben, einem milchigen Schlagsahneweiß oder Creme über ein Weiß, das überhaucht ist mit kaum noch sichtbarem Gelb oder mit Rosa vermischt zu einem hellen Weißrosa wird, geht es zu den Rosatönen. Hier schimmert es zartrosa, altrosa, lachsrosa, muschelrosa, mit kräftigem Pink und strahlendem Rosarot. Die zahlreichen Schattierungen des Rots sind noch vielfältiger: Himbeerrot, Weinrot, Blutrot, ein glühender Burgunderton, ein leuchtendes Karmin, mit schwachen rosa Streifen gezeichnet, mit gelber Mitte, oder ein samtiges Dunkelrot bis hin zur fast schwarzen Tönung. Und dann kommt noch das Gelb – von blaßgelb über zitronenfarben und schwefelgelb zu den verschiedenen Goldtönen – und Orange: zum Beispiel ein Dun-

51

kelgelb mit Pfirsichton, eine warme, ruhige Bernstein-
färbung oder auch ein leuchtendes Apfelsinenorange.
Eine Fülle an Farbnuancen, die in der Schöpfung sonst
nur schwer zu finden ist.

Das Betrachten einer einzelnen Rose kann nach
und nach die Sinne aufschließen für die Schönheit
dieser einzigen Blüte. Nur eine unter vielen, am gleichen Strauch, am gleichen Ort, im gleichen Land.
Eine klare Schönheit, die nur dazu geschaffen zu sein
scheint, schön zu sein. Ein Bild, das Zeugnis gibt von
der überbordenden Schöpferlust, etwas ins Sein zu
rufen, das die Schönheit Gottes verkündet. Und eine
Einladung, auf den Erschaffer der prachtvollen Rose
zu vertrauen:

„Lernt von den Lilien, die auf dem Feld wachsen:
Sie arbeiten nicht und spinnen nicht. Doch ich sage
euch: Selbst Salomo war in all seiner Pracht nicht
gekleidet wie eine von ihnen. Wenn aber Gott schon
das Gras so prächtig kleidet, das heute auf dem Feld
steht und morgen ins Feuer geworfen wird, wieviel mehr dann euch, ihr Kleingläubigen!" (Matthäus
6,28–30).

Der Herbst

Herbstnacht

Windgebrüll
durchfaucht Alteichen Astgewirr
zerpflückt im Kieferndach
Jahresblätterbeute
Abend Spiel
mit Wasserwolkentanz
und Spatzenbande –
ihr Flügelschlag wie Brandung
in die Weiden rauscht.
Mit stumpfem Grau
verhüllt sich Himmel,
deckt Sternendiamantensplitter,
verdunkelt schwarzes Samtgebälk.
Und Dohlen jagen stumm
mit Sturmesflügeln um die Wette.

Wandel und Übergang

Noch einmal lodert die Schöpfung auf, taucht die
Welt in Farbenrausch und reichen Früchtesegen. Jedes samtene Rot, jedes strahlende Blau und alle
gelbgrün schimmernden Blüten- und Blätterträume
leuchten auf, verglühen dann zu goldorange und kup-
ferbraun, als wäre ihnen bewußt: Die Zeit des Wach-

sens und der Reife geht zu Ende. Immer öfter sammeln sich die Zugvögel in unruhigen Schwärmen, kreisen ein letztes Mal über dem Sommerdomizil und ziehen dann in langen Trecks und dichten Scharen Richtung Süden. Igel, Dachs und Haselmaus packen ihre Nester voll Laub und bereiten sich, mit dicker Fettschicht oder voller Vorratskammer ausgerüstet, auf den Winter vor. Die Schöpfung verstummt. Ein Hauch von Abschied liegt in der Luft.

Der Herbst ist eine Übergangszeit. Während an seinem Beginn noch Erntetage mit süßer Marmelade die Häuser durchduften, kann ein paar Wochen später schon Väterchen Frost das erste Mal alles klamm und steif gefrieren lassen. Was die Monate an Höhen und Tiefen auch brachten, jetzt schließt sich der Kreis. Das Jahr wird rund.

Wer im Herbst im Wald spazierengeht, findet eine ganz andere, eine ganz eigene Stimmung vor. Statt frischem Grün und tausenderlei Vogelgezwitscher ist höchstens noch ein Eichhörnchen zu sehen. Huscht vorbei, sucht eine letzte Nuß und spitzt verwundert um den dicken Buchenstamm auf einsame Spaziergänger herunter. Wo früher dichtes Laub die Sonnenstrahlen dämmrig-kühl verschattete, ragen nun nackte Äste nebelnaß-starr über den Weg.

Und auch ein Gang am Strand entlang berührt jetzt anders, hat eine seltsam melancholische Färbung.

Statt fröhlichem Toben prägt Einsamkeit das Bild, und an Stelle des pulsierenden Sandburgenlebens lädt die Weite des Meeres zur Rückschau ein.

Die kleinen und großen Wellen, die stetig über den Sand spülen, sind wie ein Sinnbild für die ständige Bewegung des menschlichen Daseins. Doch echten Stillstand gibt es nie – selbst die größte Zäsur in aller Geschöpfe Leben, der Tod, ist nur ein Übergang, ein Wandel, ein Tor zu neuem Sein.

Die Bewegung des Wassers stimmt ruhig. Die Frage kann laut werden, welches wohl die wichtigen und welches die unwichtigen Dinge und Erlebnisse der vergangenen Zeit waren. Wie viele kleine Wellen und Strudel haben über Gebühr Kraft gekostet? Wo ist die innere Strömung einer aufregenden Flut verborgen geblieben? Das Auf und Ab, das Hin und Her der Wellen schärft auch die Wahrnehmung durch das Gehör. Wie das plätschert und rauscht, rieselt, gluckert, ein leises Zischen, ein helles Tropfen, in kleinen Bächen läuft und leise murmelnd wieder in die große Flut verschwindet. Und über allem noch der herbe Seewind, vermischt mit Salz und Regen – ein tiefer Atemzug, köstlicher Segen für Leib und Seele.

Und dann legt manche Welle von Zeit zu Zeit ein Fundstück an den Strand. Ein Muschelrest, ein ausgebleichtes Wurzelholz, ein Häufchen Tang, grünbraun vermodernd, vielleicht mit winzig kleinen

Schnecken übersät. Was wird von meinem Leben bleiben? Was wird als Frucht der Jahre am Strand der Zeit von meinen Wellen, Strudeln, Fluten zeugen? Und was wird, ewig, unveränderlich, nie mehr zurückgenommen werden und nun für immer in den Tiefen der Unendlichkeit sein?

Der Jahreskreis nimmt Abschied, bereitet sich zum Sterben. Doch Schmerz und Trauer sind dabei nicht zu spüren. Wer sich bereitet, die Botschaft des Herbstes mit wachen Sinnen aufzunehmen, dem wächst ein Stück Erkenntnis zu. Ein kleines Stück vom großen Heilsplan Gottes wird verstanden:

„Anfang und Ende und Mitte der Zeiten, die Abfolge der Sonnenwenden und den Wandel der Jahreszeiten, den Kreislauf der Jahre und die Stellung der Sterne … Alles Verborgene und alles Offenbare habe ich erkannt; denn es lehrte mich die Weisheit, die Meisterin aller Dinge" (Weisheit 7,18–21).

Netzkünstlerinnen an Busch und Baum

Sie bauen raffinierte Lochfallen, spannen unsichtbare Fallstricke oder sperren eine Mückenflugschneise großräumig ab. Sie versetzen ihr Netz in zitternde Schwingungen oder lassen sich bei Gefahr wie ein vertrocknetes Kügelchen zu Boden fallen. Einige passen ihre Körperfarbe der Farbe der Blüten an, auf denen sie jagen oder thronen – fast möchte man meinen selbstbewußt – mit leuchtend gelb-braun-weißer Wespenzeichnung mitten in ihrem Netz.

Spinnen zählen zu den Gliedertieren und sind in vielfältigen Formen und Farben in Haus, Garten oder Wald zu finden. Sie gehören zu den Wetterpropheten unter den Tieren, denn die meisten von ihnen bauen ein neues Netz nur auf, wenn es an diesem Tag keinen starken Wind oder Regen mehr gibt. Und wer die flinken Achtfüßler selbst in der Natur nicht sofort zu entdecken vermag – ihre Netze fallen einem jeden schnell ins Auge.

Schlauch- oder tunnelförmig geformt, pyramidal aufgebaut oder horizontal gewebt: die feinen Gespinste sind kunstvoll gewirkt wie geklöppelte Spitze. Bei manchen Arten mit weitem Fadenabstand, andere dicht und undurchlässig gesponnen, dienen sie der Nahrungsbeschaffung oder schützen in einem verborgenen Winkel die Nachkommen. Und das glockenförmige Gebilde der Wasserspinne ist sogar so dicht verwoben, daß es die Bläschen für Bläschen herabtransportierte Luft hält und die Spinne in diesem „Unterwasserhaus" zeitweilig leben kann.

Manche Vogelweibchen, wie zum Beispiel das Buchfinkenweibchen, benutzen die Spinnweben als Nestklebstoff, und früher legte man sie als Heilmittel auf Wunden. Einer alten Legende nach soll ein großes Spinnennetz sogar Maria, Josef und das Jesuskind auf der Flucht vor den Soldaten des Herodes beschützt haben, da es den Eingang der Höhle verschloß, in der sich die Heilige Familie versteckt hielt.

Vor allem die beeindruckenden Radnetzspinnen, wie zum Beispiel die Gartenkreuzspinne, bauen ihr Netz jeden Abend ab, um dann mit Beginn der Morgendämmerung das faszinierende Kunstwerk neu zu schaffen. Die Gelegenheit, dabei einmal in Ruhe zuschauen zu können, sollte man sich nicht entgehen lassen.

Zuerst beginnen die mit dem weißen Kreuz gezeichneten Tiere den Rahmen aufzubauen. Zielstrebig werden lange Fäden gespannt, an denen das ganze Netz später hängen und schwingen kann. Unermüdlich auf und ab, hin und her klettern sie, sorgsam und ruhig wird alles sicher verankert. Die Haken, Bürsten und Kämme, mit denen die geschickten Spinnerinnen ausgestattet worden sind, helfen den feinen Faden zu glätten und zu führen. Manchmal hat es dabei den Anschein, als spazierten die Netzkünstlerinnen mühelos in der Luft, denn das Spinnenfädchen ist so gut wie unsichtbar. Allmählich entstehen die Kreisform und die einzelnen Rautenfelder. Zum Schluß wird die Nabe geschlossen und der Signalfaden gelegt, der jede kleinste Erschütterung anzeigt.

Achtsam und sicher, zielstrebig und kunstvoll bauen Spinnen ihr Netz auf. Diese oft nur wenige Millimeter großen Tiere und ihr filigranes Werk lassen erahnen, wie kunstfertig und sinnvoll die Schöpfung aufeinander eingespielt ist. Das Ganze wird sichtbar im Fragment.

Es einmal an einem frühen Morgen staunend zu betrachten, sich einem solchen kleinen Wunder ehrfürchtig zu nähern, öffnet und weitet den Blick für die Fülle an Geschenken, die in der Schöpfung ständig angeboten werden. Geschenke wie das feinst gewebte, gesponnene und gewirkte Spinnennetz, das wie kostbar geklöppelte Spitze Begeisterung weckt.

Knolliger Kopf oder verwarzter Teller

Plötzlich sind sie wieder da. Neben dem Weg, unter dem Busch, zu Füßen von Birke und Buche. Manche scheu und verstohlen im dämmerigen Unterholz, andere thronen keck auf Baumstümpfen und abgebrochenen Ästen. Oder sie schieben sich kraftvoll durch Mulch und Laubschicht, erscheinen über Nacht wie durch Zauberei.

Bunter Kopf, bullige Knolle oder urig verwarzter Teller – die Vielfalt der Formen übertrifft locker die jährliche Hutmode der Damenwelt. Und erst die Farben. Da leuchtet es knallrot mit weißen Flecken, glänzt dunkelbraun lackiert, schimmert in milchigem

Orange, glüht schwefelgelb, strahlt in reinem Weiß auf Wiese, Weide und entlang des Weges.

Für viele Menschen sind sie erst interessant, wenn sie in Butter geschmort und mit Rahm verfeinert auf dem Teller duften. Doch für eine Schöpfungsmeditation taugen sie auch. Ihre ungewöhnliche Lebensweise, die meisten Monate des Jahres über in der Erde verborgen zu sein, macht die Pilze zu einem guten Bild für das Gebet.

Der Fruchtkörper, der im Spätsommer oder Herbst heranwächst, ist der kleinste Teil des Lebewesens Pilz. Unter dem Wald- oder Wiesenboden oder auch durch das vermodernde Holz der Bäume hindurch zieht sich dagegen unsichtbar und weitverzweigt der Hauptanteil des Pilzes. Bestehend aus einer riesigen Menge feiner Zellfäden durchwächst und durchwuchert das Mycel den Boden, erschließt ihn weiträumig und sorgt dafür, daß anderen Pflanzen die notwendigen Phosphorverbindungen zur Verfügung stehen. Im Gegenzug liefern Sträucher und Bäume ihre überschüssigen Zuckerverbindungen an den Pilz, den der für sein Wachstum braucht.

Ein Gang durch den herbstlichen Wald, ein Moment Rast unter Bäumen mit dem Blick auf eine kleine Kolonie bräunlich-orangefarbener, kugeliger Pilsköpfe, die am vermoderten Baumstamm emporwuchern, können den Blick öffnen und ahnen lassen, woher auch die Kraft zum Leben aus dem Glauben kommt. Denn woraus lebt ein Christ? Und wie existiert Kirche?

Sind es nicht immer verschiedene Ebenen, auf denen Kirche lebt? Immer vermischen sich göttliches Wirken und menschliches Handeln, die Gnade des Himmels und das menschliche Hören – zwei Ebenen, die nicht zu trennen sind, sich durchdringen, aufeinander bezogen bleiben, ein Netz, ein Organismus mit tausenderlei Verbindungen.

Aus dem Gebet, in der Meditation, durch die Vergegenwärtigung der Gottesbeziehung erwächst dem Christen Kraft und Weisung, Mut und Klarheit, um aus dem Glauben heraus zu leben, zu verkündigen, Liebe und Barmherzigkeit zu empfangen und zu schenken.

Die erdduftenden Hütchen, die terassenförmig hochklettern, sich überlappen und deren zarte weiße Lamellen hervorblitzen wie Spitzenunterröcke, sind nur der kleinste Teil. Unterirdisch, weitverzweigt, mit Millionen feinster Zellfäden streckt sich der Pilz durch den Boden. Fast so, als hätte er ein Riesennetz ausgebreiteter Arme, um die ihm angebotene Nahrung freudig aufzunehmen. Ähnlich dem Christen, der im Gebet, in der Meditation, in der Feier der Liturgie sein Herz dem Wort und Geheimnis Gottes öffnet und daraus lebt und handelt.

Ein Wort zum Schluß

Schöpfungstheologie und Schöpfungsmeditation sind keine Erfindung oder völlig neue Entwicklung der Theologen heute und damit eine Reaktion auf die ökologische Krise und das wachsende Umweltbewußtsein. Jesus selbst nahm die Tier- und Pflanzenwelt seiner irdischen Heimat intensiv wahr und gebrauchte ihren Symbolgehalt mit ausdrucksstarker Bildsprache in seiner Verkündigung. Auch bei den Kirchenvätern finden sich häufig Bilder und Vergleiche aus der Schöpfung. So schreibt der große Ambrosius in seinem „Sechstagewerk" über die Bienen und beweist damit eine profunde Kenntnis über die eifrigen Honiglieferanten:

„Welcher Meister lehrte die Bienen diesen Zellenbau mit seinen unterschiedlich gleichmäßigen Wandungen herstellen, das zarte Wachs im Innern des Walles der Behausung anbringen, den Honig aufspeichern und die aus Blüten gewobenen Behälter wie mit Nektar füllen?"[1]

Alle Meditation, alles Nachdenken, Auf-sich-Wirken-Lassen und Verkosten der Schöpfungsschönheit dient in erster Linie dazu, sich auf den Schöpfer zu besinnen. Sich an den zu erinnern, der Ursprung und

---

1 Ambrosius, „Sechstagewerk" 5,68–69, aus: Texte der Kirchenväter, Bd. III. München 1964, S. 238.

Lebensquell allen Seins ist. Eine so verstandene Schöpfungsmeditation hilft, die Gottesbeziehung zu vertiefen, sich und den Mitmenschen besser annehmen zu können und die persönliche Verantwortung für die uns umgebende Natur zu übernehmen.

Literatur zum Thema (eine Auswahl)

Klemens Tilmann, Die Führung zur Meditation, Bd. 1 u. 2, Zürich – Einsiedeln – Köln 1981[8].

Die Verantwortung des Menschen für das Tier. Positionen – Überlegungen – Anregungen, Arbeitshilfe Nr. 113 des Sekretariates der Deutschen Bischofskonferenz, Bonn 1993.

Erich Zenger, Ich will die Morgenröte wecken. Psalmenauslegungen, Freiburg 1991.

Alastair Fitter, Blumen, wildblühende Pflanzen, Reihe „Pareys Naturführer Plus", Hamburg – Berlin 1987.

Helmut und Margrit Hintermeier, Bienen, Hummeln, Wespen im Garten und in der Landschaft, hrsg. vom Bayrischen Landesverband für Gartenbau und Landespflege e.V., München 1997[2].

Josef Sieber, Rosen: Auswahl – Pflege – Nachbarschaft, BLV-Garten und -Blumenpraxis, München 1987.

Maria Anna Leenen *im Johannes-Verlag Leutesdorf*

Beten mit großen Frauen der Kirche
Hilfe und Ermutigung
1999. 64 Seiten. Bebildert. Format 19 x 11,7 cm. Kartoniert
ISBN 3-7794-1429-5
Bestellnummer: A 204

Im Gebet als einem der Vollzüge christlicher Existenz erfährt der Mensch seine wahre Bestimmung, seine Herkunft und sein Ziel, seine Aufgabe. Beten ist ein tiefes und drängendes Bedürfnis des religiösen Menschen. Die Krisen und Schwierigkeiten, die der Mensch mit dem Gebet durch die Jahrhundete hindurch gehabt hat, zeigen aber, wie sehr es immer wieder der Hilfe und Ermutigung bedarf, zu beten.

Die hier vorgestellten Frauen (von Hildegard von Bingen bis Adrienne von Speyr) weisen nicht nur jede für sich allein auf die Notwendigkeit des Betens und auf die Lebensfülle hin, die aus dem Gebet erwächst. Wie leuchtende Goldfäden in einem dunklen Gewebe machen sie auch die Verbundenheit des betenden Volkes sichtbar. Liest man die Lebensbeschreibungen und die Texte der Frauen, ist es manchmal wie ein blitzartiges Aufglühen und die geheimnisvollen Beziehungen aller Beterinnen (und Beter) der Jahrhunderte werden sichtbar, Lichtern vergleichbar, die einen dunklen Raum erhellen.

Zu beziehen durch die *KSM*
Katholische Schriften-Mission, D-56599 Leutesdorf